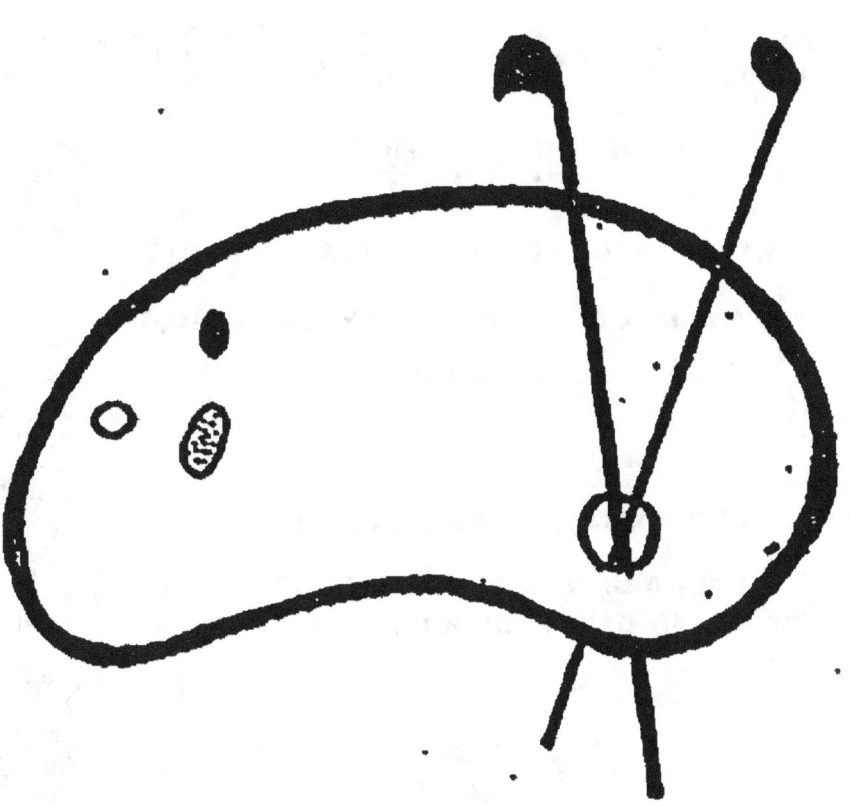

DEBUT D'UNE SERIE DE DOCUMENTS EN COULEUR

13-16 novembre 1832

Catalogue
D'OBJETS CURIEUX
ET RARES,

PROVENANT DU CABINET DE FEU M. LAMI,

ARTISTE DE L'ACADÉMIE ROYALE DE MUSIQUE,

PROFESSEUR AU CONSERVATOIRE.

L'EXPOSITION SERA PUBLIQUE

LES SAMEDI 10, DIMANCHE 11 ET LUNDI 12 NOVEMBRE,
DEPUIS 10 HEURES DU MATIN JUSQU'A 5.

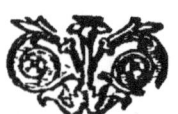

LE PRÉSENT CATALOGUE SE DISTRIBUE :

Chez MM.
- COUTELLIER, Commissaire-Priseur, rue des Bons-Enfans, n. 28 ;
- FÉVAL, Commissaire-Priseur, rue des Moulins, n. 16 ;
- ROUSSEL, quai Malaquais, n. 13.
- PAILLET, rue Grange-Batelière, n. 14.

1832.

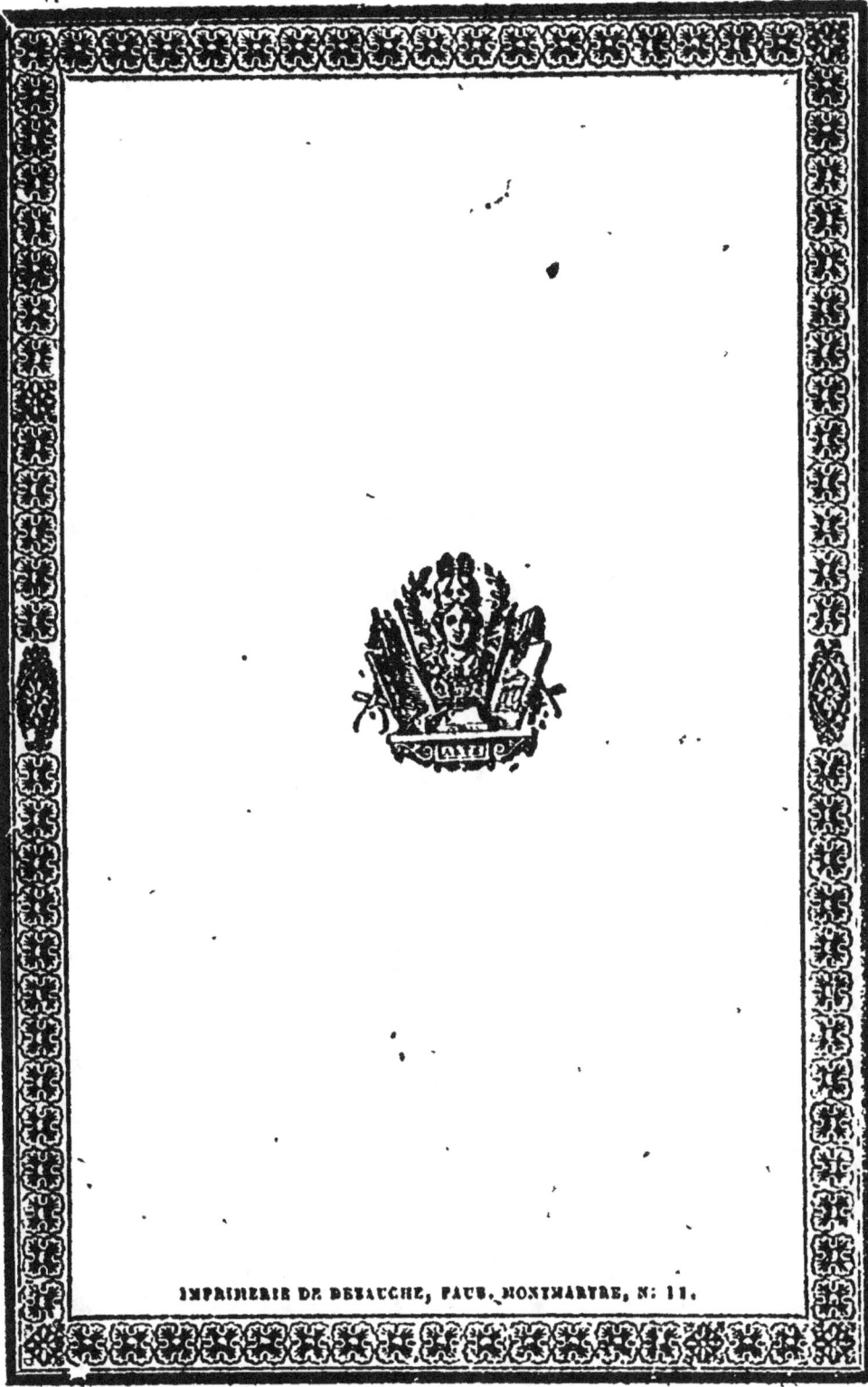

IMPRIMERIE DE DEBAUCHE, FAUB. MONTMARTRE, N: 11.

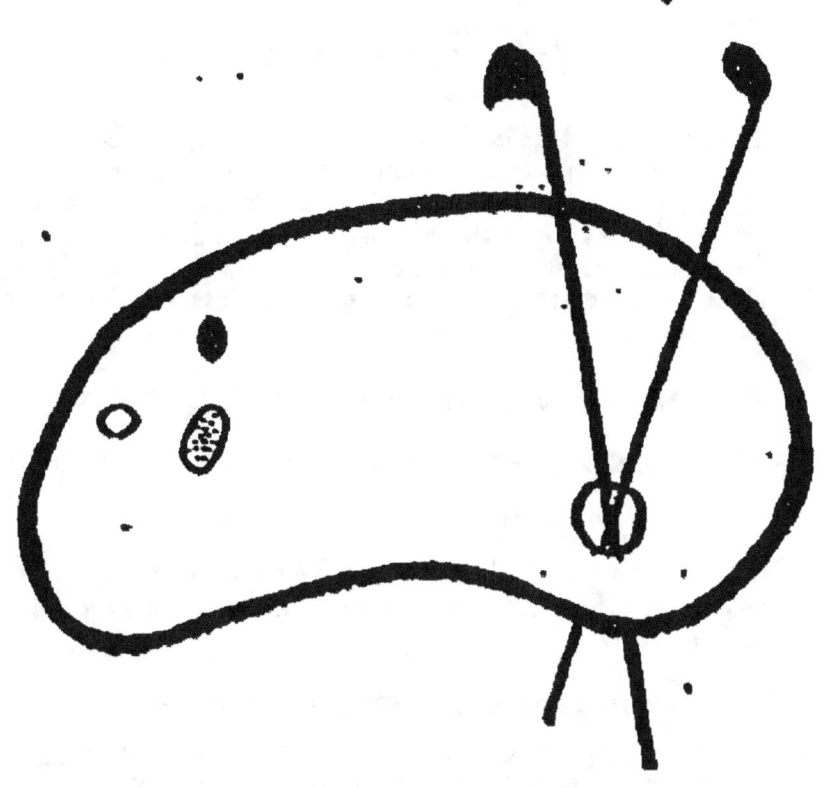

FIN D'UNE SERIE DE DOCUMENTS EN COULEUR

13-16 novem 1832

Catalogue
D'OBJETS CURIEUX
ET RARES,

En Laques de la Chine et du Japon, Ivoires sculptés, Écaille, Porcelaine, Tabatières, Coupes en agathe, Coffrets en filigrane d'argent, Cristaux de roche, Emaille, Nacre de perle, Stéatite, Pierres Schisteuses, Evantailles ouvragés, Pièces burgautées, Bronzes Chinois et Indiens, Médaillons peints, Bijoux en or et en argent, Objets des XVe et XVIe siècles, etc.

PROVENANT DU CABINET DE FEU M. LAHI.

ARTISTE DE L'ACADÉMIE ROYALE DE MUSIQUE,

PROFESSEUR AU CONSERVATOIRE.

Dont la Vente aura lieu le Mardi 13 Novembre 1832, et jours suivans, à midi précis, rue Grange-Batelière, n. 2, au coin du Boulevart.

L'EXPOSITION SERA PUBLIQUE
LES SAMEDI 10, DIMANCHE 11 ET LUNDI 12 NOVEMBRE,
DEPUIS 10 HEURES DU MATIN JUSQU'A 5.

LE PRÉSENT CATALOGUE SE DISTRIBUE :

Chez MM. { COUTELLIER, Commissaire-Priseur, rue des Bons-Enfans, n. 28;
FÉVAL, Commissaire-Priseur, rue des Moulins, n. 16;
ROUSSEL, quai Malaquais, n. 13.
PAILLET, rue Grange-Batelière, n. 24.

1832.

IMPRIMERIE DE DEZAUCHE,
FAUBOURG MONTMARTRE, N° 11.

AVERTISSEMENT.

Les enfans d'Apollon ne sont pas très-communément favorisés du Dieu des richesses et leur finance ne s'accorde pas toujours avec le goût qui les domine. Peintres, poètes et musiciens travaillent pour la gloire : le temps et le soin qu'ils y consacrent leur fait assez souvent oublier la fortune. Luttant donc habituellement contre cette injuste dispensatrice, ce n'est guère que par des privations et des économies qu'il est permis aux artistes de satisfaire leur jouissance dans ce qui les préoccupe le plus. Celles de feu M. Lami embrassaient le genre proprement dit de *curiosité portative*; point de luxe, point d'apparat, aucune de ces pièces de représentation qui attestent le faste, peu de choses en évidence, mais un choix d'objets marqués au coin du goût, de l'étude et de l'observation, propres à récréer les yeux et divertir l'esprit. Ressemblant, ainsi qu'il le disait, au philosophe Bias, il eût pu tout emporter avec lui, car une armoire, un secrétaire et quelques coffrets portatifs contenaient tous ces petits trésors qu'il se plaisait chaque jour à revoir et souvent avec ses amis initiés comme lui dans la connaissance de ces sortes d'objets.

Nous annonçons la vente de ce cabinet avec la

simplicité qu'il eût désiré que l'on y eût mis de son vivant, et malgré tout, comme une bonne fortune pour les amateurs qui auront besoin de se compléter dans presque tous les genres.

Nous n'avons pas pu vendre sur les lieux, le local était trop étroit : celui où nous avons tout fait transporter nous a été offert par une personne liée de relations amicales avec M. Lami. Cet acte obligeant est une preuve de l'intérêt porté à cet artiste, regretté de ses camarades, emportant l'estime de ceux qui ont été à-même d'apprécier ses qualités sociales.

Désignation
DES DIVERS OBJETS
COMPOSANT LE CABINET
DE FEU M. LAMI.

Nota. On suivra invariablement l'ordre numérique indiqué dans chaque vacation.

PREMIÈRE VACATION
Du Mardi matin 13 Novembre.

1. — Deux plateaux chinois, et carrés, fonds en marbre, avec fleurs coloriées, galeries en bois de fer et à jour.

2. — Une écritoire laque, fond rouge, dessin or en relief, pieds en bronze doré.

3. — Deux consoles en bois sculpté, dont une est dorée.

4. — Une boîte chinoise de voyage, à six pans, en bois et vannerie, renfermant une petite étagère à vannerie de bambou, six autres boîtes à vannerie et cinq plateaux en bois.

5. — Un bas-relief en bronze, sujet de la Sainte Famille.

6. — Deux petites théyères, porcelaine de Chine, fond bleu, sur leur plateau.

7. — Trois petits panneaux, sujets chevaleresques, incrustation d'ivoire sur ébène.

8. — Trois tabatières, dont une d'Ecosse, et une gourde en acajou, avec incrustation en cuivre.

9. — Deux figures d'applique en bois sculpté, Marie et saint Jean.

(6)

10. — Un Christ en croix ; bois sculpté d'une seule pièce, avec socle en bois et mascaron sculpté.

11. — Cinq petits châssis provenant d'un écran chinois, bois d'acajou avec incrustation en nacre de perle.

12. — Marine et Chioste, deux tableaux chinois peints sur verre.

13. — Le Temps, bronze sur socle en jaune de Sienne.

14. — Une belle guitare de Pons, dans son étui.

15. — Une dite, incrustation de nacre et écaille.

16. — Une mandoline, avec incrustation de nacre et écaille.

17. — Un intérieur de chambre hollandaise en bois sculpté.

18. — Un petit modèle de navire à trois mâts, avec tous ses agrès en buis et sous globe de verre.

19. — Quatre éventails en ivoire, avec incrustation et miniature.

20. — Un porte-miroir chinois, laque noir burgauté, avec monture orientale en cuivre.

21. — Coiffure de femme chinoise, en crin.

22. — Une bouteille, en laque de Chine, fond avanturine, fleurs or et argent, garnie en filigrane d'argent.

23. — Deux dessus d'éventails chinois à personnages en burgau, rehaussés d'or.

24. — Le Déjeûner tête à tête, peinture sur porcelaine moderne.

25. — Une très-belle boîte en laque du Japon, forme pentagone, fond noir et cartouhe, à sujet de paysage et à kiosque; à l'intérieur, un plateau et six petites boîtes en éventail, placées sur tablette à bouton central.

26. — Un plat à barbe, laque noir, en incrustation riche de burgau.

27. — Deux pelotes de velours vert, avec broderie en fin.

28. — Une petite pharmacie de voyage, et anglaise, coffre en acajou garni en cuivre. Elle est complétée de tous ses flacons et ustensiles.

29. — Deux canards en bronze chinois, servant de vase à parfum.

30. — Deux petits écrans en pierre de Lard avec kiosque, sculpté et travaillé à jour; les pieds en bois laqué.

31. — Un pitong ou porte-pinceau en pierre schisteuse, à deux couches, avec fleur en relief.

32. — Un petit coffre-fort, en fer, avec figures gravées, serrure ouvragée, XVIe siècle.

33. — Un autre du même temps, cuivre gravé.

34. — Deux bouteilles d'applique, et chinoises en pierre de Lard, avec personnages en relief.

35. — Un sablier, monté en filigrane d'argent.

36. — Une petite pagode en laque noir, à deux ventaux; à l'intérieur une divinité en bois sculpté.

37. — Un vieillard s'appuyant sur sa canne, figure chinoise en bois de santhal.

38. — Une coupe ovale, agathe d'Allemagne, monture ancienne en bronze doré.

39. — Deux petites théyères, terre de bocaro, fleurs en relief.

40. — Un groupe de deux petits Chinois, en bois de bambou sur socle en bois de fer et travaillé à jour.

41. — Une tasse et sa soucoupe, porcelaine, ancien violet de la Chine; dans l'intérieur une petite figure, l'usage de cette tasse sert, dit-on, à prouver le mensonge ou la vérité.

42. — Un flacon en pierre de Lard, sculpté et travaillé à jour, avec partie dorée, et une petite coupe de forme baroque, l'anse formée d'une branche de fleur de pêcher.

43. — Une autruche, porcelaine de Chine, à l'imitation du bronze, sur socle en bois de fer, imitant une racine.

44. — Un étui de bambou de la Chine, incrusté en burgau figurant fleurs et oiseaux.

45. — Deux bouteilles, forme de gourde, ivoire avec divers signes symboliques travaillés à jour, sur trépied en bois de fer.

46. — Deux boîtes chinoises en laque, fond avanturine, dessin d'ornemens en or; l'une carrée à coins coupés, à trois étages, l'autre ronde et à étage.

47. — Une boîte en laque usée et de très-belle qualité forme arrondie et à trois étages avec couvercle; avanturine à l'intérieur.

48. — Une boîte de forme cylindrique, laque du Japon, fond avanturine, dessin de bambou en or; laquée en rouge à l'intérieur.

49. — Deux pièces en pierre de Lard de la Chine; un vase à eau et un rocher pose-pinceau.

50. — Deux petites coupes et leur couvercle en laque de la Chine, fond noir, à dessin de fleurs en or.

51. — Une coupe et soucoupe en agathe orientale.

52. — Une croix en cristal de roche sur socle en même matière et garnie en argent doré.

53. — Deux boîtes à thé en laque, fond avanturine, dessins de fleurs en or.

54. — Six petits personnages chinois en ivoire, sur plateau en laque.

55. — Une boîte en cuivre émaillé, XVIe siècle.

56. — Un bol en laque rouge de la Chine et sculpté.

57. — Un coffret en bois verni, enrichi de six miniatures persannes et renfermant six flacons en verre doré, contenant des essences.

58. — Une bouteille à pans et en spirale, bronze de Chine, surmontée d'un bouquet de nacre de perle.

59. — Deux bols en laque, fond aventurine, ornemens en or, fond rouge à l'intérieur.

60. — Une théyère en faïence laquée et burgautée, avec passoir à l'intérieur.

61. — Une figure de femme chinoise, montée sur un cheval avec mécanique en-dedans. La tête et les mains sont en ivoire.

62. — Un très-beau pitong en bois de bambou, sculpté et travaillé à jour.

63. — Deux figures représentant des sages de la Chine, bois de santhal.

64. — Un précieux petit coffret en écaille, garni d'ornemens en filigrane d'argent.

65. — Une boîte carrée et à couvercle, laque fond aventurine, ornée de fleurs et feuillages en or.

66. — Un vase de forme basse avec couvercle en pierre de Lard verte, les deux anses prises dans la masse et figurant des têtes chimériques.

67. — Racine et Pierre Corneille; deux figures en terre cuite et en pied sur socle en acajou.

68. — Un burgau décapé et couvert d'ornemens gravés.

69. — Un pitong ou porte-pinceau, formé d'une écorce de fougère, et garni en bois de fer.

70. — Confucius, représenté assis sur un rocher, figure en bois de bambou.

71. — Deux petites figures indiennes, posture orientale, albâtre verni, imitant l'ambre.

72. — Un petit vase chinois, sur socle, ivoire travaillé à jour.

73. — Un singe, faisant pot à eau, en terre émaillée de la Chine.

74. — Un petit bâtiment à pleine voile, en bois et sous cage en verre, socle en bois noir avec bronze doré.

75. — Une lorgnette, un petit microscope, une loupe et une boussole; 4 pièces.

76. — Neuf miniatures dont quatre dans des étuis, portraits et fleurs. Marguerite, comtesse de Flandres, Josué Rénolds, etc., etc.

77. — Un départ de chasse, gouache sous verre, par Raunay, et dans une belle bordure en bronze doré.

78. — Sujet de jeux d'enfants, miniature, cadre en bronze doré et personnage du siècle de Louis XIV.

79. — Deux petites gouaches non montées, par Bazin, campagnes de Napoléon.

80. — Une revue au Champ-de-Mars et Bonaparte en observation. Deux médaillons carrés.

81. — Deux plaques de verre églomisé.

82. — Scène dramatique, miniature; figure d'enfant, par Fragonard; la fille mal gardée, miniature; portrait d'homme, dans un étui.

83. — Cinq médaillons, portraits, dont, Henri IV, Préville, personnage Louis XIII, et deux émaux.

84. — Mad. de Lauzun, Danaé, portrait d'homme, et deux miniatures et dessin aquarelle non monté ; 5 pièces.

85. — Un paysage avec figures, plaqué sur porcelaine.

86. — Quatre petits sujets, allégories aux arts, genre de Boucher.

87. — Portrait de Fernand Cortèz, esquisse par Venloo, et le sacrifice de la Vestale ; 3 pièces.

88. — Marche d'une armée de cavalerie, genre de Parocel.

89. — La Vénus Anadiomène, d'après Titien.

90. — Un plafond, genre de Lemoine.

91. — Un tableau, nature morte, avec nautille montée en vase.

92. — Deux personnages sur un port de mer, considérant un plan maritime, par Natvire.

DEUXIÈME VACATION.
Mercredi matin 14 Novembre.

93. — Un morceau de tapisserie, bataille rehaussée et broderie d'argent et sous verre.

94. — Un petit plateau en vannerie, de bambou, forme carrée.

95. — Un plateau chinois, galerie à jour en bois de fer, le fond en marbre et à fleurs.

96. — Un autre du même genre, à dessins gravés.

97. — Un tripetique chinois en laque noir, or et fleur, monture en bronze.

98. — Une paire de flambeaux en cuivre doré.

99. — Deux coffres bas, bois des îles, garnis en cuivre doré.

100. — Deux petites consoles, bois d'ébène et cuivre doré, surmontées de deux vases, porcelaine de Saxe.

101. — Deux petits tableaux chinois peints sur verre et à double sujets, cadre en bois des îles.

102. — Deux autres sujets d'oiseaux, cadre ébène.

103. — Un album de fleurs et papillons, sur feuilles de sureau ; 12 feuilles chinoises.

104. — Un autre pareil.

105. — Trois petits plateaux en laque burgauté.

106. — Un petit coffret en écaille, en forme de livre et garni en argent.

107. — Un pied de momie sous globe de verre

108. — Une petite statue en bronze, sur socle.

109. — Un bouquet de fleurs, incrustation de nacre sur marbre noir.

110. — Jésus mis au tombeau, par Carrache, peint à l'huile sur marbre noir, cadre ébène et écaille.

111. — Saint François, figure en bois, figure de prince, ivoire d'applique, une chaine en ivoire, une tabatière en relief et sujet de tête à tête à l'intérieur.

112. — Boîte renfermant quatre sujets chinois, et en soie.

113. — Une paire de pistolets de poche, batterie à pierre et du nom de Cherret.

114. — Un vase chinois en bronze, renfermant les ustensiles pour faire brûler les parfums.

115. — Deux petits cadres en bronze doré, surmontés de couronnes aux armes de France.

116. — Un lot de divers ornemens, en bronze doré du Tonquin et nacre de perle.

117. — Trois tabatières, vernis de Martin, portrait de Gluck et fête villageoise peinte au fixé.

118. — Quarante-deux boutons filigrane d'argent.

119. — Deux petites boîtes en vannerie, dont une garnie en argent, deux carapaces de tortue et divers fragmens en ivoire.

120. — Trois pièces en acier; une rape à tabac et une pince gravée.

121. — Un petit microscope dans sa boîte.

122. — Six petites figurines, la plupart en ivoire et sur socle.

123. — Une divinité indienne en ivoire.

124. — Une boîte en ivoire avec le portrait de Voltaire en applique et un dessus de rape.

125. — Quatre tabatières garnies en argent, deux en nacre de perle.

126. — Scène de précaution, par Klingted, dans sa bordure de bronze doré et étui.

127. — Une boîte en forme de hutte avec ferrure en argent.

128. — Un appareil de barreau aimanté, dans son étui.

129. — Une boîte à musique et à surprise.

130. — Une boite en forme de livre, en bois sculpté et travaillée à jour.

131. — Une boîte en coco et travaillée à jour, surmontée d'une figure bronze doré.

132. — Deux petits panneaux en laque très-fine, fond noir, sujet en or.

133. — Un petit coffret à tiroir, en laque noir burgauté.

134. — Un étui en jaspe sanguin, monté en or émaillé.

135. — Deux petits bas-reliefs en or, sujets de chasse, jeux d'enfans.

136. — Trois petits objets en argent dont deux reliquaires, une cassolette garnie d'agate.

137. — Une croix cristal de roche, et filigrane d'argent, une petite niche à saint aussi en filigrane et un médaillon.

138. — Un petit pistolet à rouet, cuivre et acier.

139. — Trois bagues montées en or dont une sardoine à deux couches, intaille montée en or.

140. — Une clef de montre et un cachet monté en or; la

clef pâte, et le cachet perroquet en jaspe avec deux brillants.

141. — Une petite vierge, bois sculpté et l'adoration des bergers, bois sculpté.

142. — Sept miniatures, portaits, dont un ouvrant.

143. — Sept pièces, un talisman arabe, partie or et lapis, une bague en or avec turquoise, une autre bague; talisman sur sanguine, une sardoine gravée en creux. Sardoine à trois couches montée en épingle; une petite tête camée, et une cornaline, intaille médaillon.

144. — Sept pièces en argent, deux médaillons, deux agrafes garnies de pierre, un reliquaire et un tire-bouchon.

145. — Un petit gobelet en cristal de roche.

146. — Une tabatière en écaille, charnière en or, et deux fixés marine.

147. — Une perle baroque, figurant une tête de bélier, épingle montée en or.

148. — Très-beau vase à parfum en bronze chinois, il est supporté par trois têtes d'éléphant, et le couvercle travaillé à jour. Socle en bois de fer.

149. — Deux éléphants en bronze supportant un cornet, enrichis de pierres de couleur; socles en bois de fer.

150. — Une très-belle coupe en corne de Rhinocéros, entourée de branches et fleurs sculptées à jour.

151. — Deux bougeoirs en argent.

152. — Deux petits flambeaux bas, en argent.

153. — Un coffre en bois, garni de filigrane d'argent.

154. — Une corbeille chinoise en ivoire, sculptée et travaillée à jour.

155. — Une paire de flambeaux en cristal, garnis en argent doré.

156. — Deux petites étagères en bois de fer, supportant chacune deux petits cornets en bronze de Chine.

157. — Jolie boîte sur son pied, laque fond aventurine : à l'intérieur deux plateaux et deux coffrets. Le tout parfaitement conservé.

158. — Une boîte à trois étages, côtés à jour et porte à coulisse ; laque fond noir et grand dessin d'or.

159. — Une boîte à thé, en écaille sculptée, paysage et figures chinois, du plus beau travail et de la plus parfaite conservation.

160. — Deux vases indiens, en forme de bol à couvercle ; ornemens gravés et en partie incrustés en argent.

161. — Une vache, bronze chinois, en bois de fer travaillé à jour.

162. — La Vierge et l'Enfant Jésus, bois sculpté.

163. — Deux petits groupes en bois sculpté, l'enlèvement d'Orithye et Jésus entrant à Jérusalem.

164. — Un cabinet à deux vantaux et à huit tiroirs, laque de Chine et monture en bronze doré.

165. Un pavillon en vannerie de bambou, avec personnages en dedans.

166. — Un petit monument en filigrane d'argent, avec quatre flacons en verroterie laiteuse, et faisant tourelle.

167. — Un sablier monté en ivoire et ébène.

168. — Deux petites coupes en laque rouge sculptée, sur leur plateau, aussi sculpté.

169. — Une boîte chinoise en ivoire, avec fleurs et oiseaux en relief.

170. — Un Chinois sur un âne en bambou.

170 bis. — Deux coupes carrées en pierre de Lard blanche, et anses prises dans la masse.

171. — Un disque en jade vert, représentant un oiseau au milieu de fleurs, travaillé à jour et sur pied en bois de fer.

172. — Une boîte, formé carrée, en nacre de perle dont les côtés et le dessus sont enrichis de bas-reliefs.

173. — Un mandarin sur un cerf, groupe en pierre de Lard.

174. — Un vase familier en tôle laquée et burgautée.

175. — Deux bouteilles d'applique en bois, ornemens de fleurs en ivoire et animaux en ivoire sculptés et coloriés.

176. — Un encrier chinois en pierre schisteuse, à trois couches, on a profité de l'accident de la pierre pour y représenter un bouquet.

177. — Une coupe à deux anses et sa soucoupe en bronze Tonkin.

178. — Une coupe figurée par une moitié de fruit, elle est en pierre de Lard, l'anse formée par une branche de fruits et de fleurs qui l'enveloppe entièrement.

179. — Femme chinoise jouant de la flûte, figure en ivoire, placée sur une terrasse dont la balustrade est aussi en ivoire.

180. — Deux jolis pieds en bois de fer sculpté et travaillé à jour.

181. — Une fort jolie théyère, en terre de Bocaro, fond brun, anse fixe et très-bien conservée.

TROISIÈME VACATION,
Du Jeudi matin, 15 Novembre.

182. — Pot à bière, verre à boire, tasse fond rouge dessin or, et une tasse carrée. Quatre pièces.

183. — Un rocher en pierre du Lard; kiosque et personnages.

184. — Une boite en laque et à jour, à dessin exagone.

185. — Un singe portant un fruit, pierre de Lard sur rocher de même matière.

186. — Femme chinoise en métal, montée sur un cheval : elle a la tête et les mains en ivoire et tient un instrument.

187. — Instrument chinois à divers tuyaux, en bambou et laqué.

188. — Une cantine en laque vert et rouge, garnie de sept boîtes en laque rouge.

189. — Deux petits tireurs d'arc, en bronze doré, sur socle en vert de mer.

190. — Deux vases d'applique, porcelaine de Chine, fond vert et à fleurs.

191. — Deux tableaux, incrustation de nacre et pierre de Lard, sur laque noire et rouge, bordure à jour.

192. — Un bas-relief, forme ronde, bois sculpté, sujet de l'Ascension. Deux têtes de Chérubins en bois sculpté, cadre doré.

193. — Un coffret en laque noir, compartiment à l'intérieur. Un autre, à deux étages, fond aventurine.

194. — Deux petites statues en bronze, Mercure et Mars, sur fût de colonne en marbre.

195. — Six personnages en ivoire, placés sur un rocher en bois de fer.

196. — Une boîte en laque rouge ; charnière et fermeture cuivre doré, une boîte à encre de la Chine, laqué burgauté.

197. — Un pavillon en laque de la Chine, à porte à coulisse, fond noir à dessin d'or.

198. — Un joli coffret, de la renaissance, et en ébène, enrichi d'arabesques églomisées.

199. — Une petite horloge de voiture, dans sa cage de bois d'ébène, et du nom de Georges et fils à Plombières.

2

200. — Trois pièces en bois sculpté ; un jeune enfant, un petit Saint-Jean et un groupe, et la Vierge et l'Enfant Jésus.

201. — Deux figures en bois sculpté, joueur de vielle et joueur de musette.

202. — Petite figure de femme et en ivoire, costume oriental, et d'un travail très-fin.

203. — Un coffre chinois faisant nécessaire et toilette. Il est en bois de Palissandre, garni en cuivre et fermant par un cadenas chinois.

204. — Deux jolis vases en bronze de la Chine, anse et bandeaux d'ornement.

205. — Un petit écran en albâtre oriental, la monture en bois d'ébène, et ornemens bronze Tonkin.

206. — Un vase de forme allongée, pierre de Lard blanche, entrant dans son pied de même matière, surmonté d'un bouquet en plumes d'oiseaux.

207. — Joli pitong, figurant un tronc d'arbre en bois de bambou, pied en bois de fer.

208. — Deux coupes en agathe orientale, monture en argent doré.

209. — Vase à brûler les parfums, et socle en bronze chinois.

210. — Petit éléphant en bronze chinois, supportant un pied en bois de fer, sur lequel est posé un disque en jade vert.

211. — Deux figures chinoises en bois de santhal, dont une est posée sur un cheval.

212. — Un brûle-parfums chinois, en bois de bambou, sculpté et travaillé à jour.

213. — Deux petites coupes en écaille avec leur soucoupe, l'une des deux coupes est à quatre lobes.

214. — Un flacon travaillé à jour et en relief et deux coupes, le tout en pierre de Lard rouge.

215. — Un chinois fumeur, en pierre de Lard; il est assis sur un coussin et tient une pipe en argent.

216. — Un panneau, mosaïque avec incrustation en relief, en nacre, pierre de Lard et ivoire, sujet de jeux d'enfans.

217. — Un autre figurant une branche de vigne, avec animaux en nacre, et écran, incrustation du même genre.

218. — Bas-relief en rouge antique, se détachant sur un fond blanc, sujet de femme et chèvre.

219. — Une pagode ou tourelle chinoise à sept étages, renfermant chacun une figure en ivoire sculpté et dans sa boîte de voyage.

220. — Une pendule figurant un branchage de fleurs en marbre blanc, travail extraordinaire. La garniture de la cage est en bronze ciselé et doré.

221. — Une croix en cristal de roche sur laquelle est fixé un Christ en argent avec applique en filigrane.

222. — Deux pièces en cristal de roche, un gobelet et un flacon, garnis en argent.

223. — Une montre ancienne avec portrait en émail, boîte en cuivre, et une boîte en fer avec incrustation en argent, combat de cavalerie.

224. — Deux montres anciennes, boîte en argent dont une avec émail et la boîte avec arabesques ciselés.

225. — Sept miniatures dont quatre avec bordures en cuivre doré et une dans une boîte en écaille garnie en argent.

226. — Une tête d'oiseau en corail blanc, enrichie de pierres et garnie en argent; une poivrière en coco sculpté, sujet de la chasse au renard.

227. — La mort d'un saint martyr, sujet peint sur agate saphirine; une autre allégorie sur agate, cadre en cuivre doré et mosaïque Florence, figurant des oiseaux et des fleurs.

228. — Une tabatière de bureau, en argent niellé et doré, avec couvrement de montre sur le couvercle.

229. — Une poire d'amorce, nacre de perle garnie en argent doré, et un petit méridien en argent.

230. — Deux petites statues de saint Jean évangéliste, et une figure de nymphe; deux pièces en argent.

231. — Figure d'enfant en argent et personnifiant l'hiver.

232. — Un petit cheval en argent et sur socle en marbre.

233. — Un gobelet et son plateau en argent ciselé et doré, plus un entonnoir.

234. — Sept pièces en argent, timballe, deux soucoupes, un entonnoir, deux écritoires et une loupe.

235. — Deux étuis en argent et ouvrant à charnière et une boîte guillochée avec émail sur le couvercle.

236. — Six pièces en argent dont deux boîtes ciselées, une cassolette à grille, une boîte à mouche, une à miniature.

237. — Une boussole en argent et un termomètre de Bréguet.

238. — Portrait de Gustave Adolphe, bas-relief en argent, au repoussé; celui de Charles-Quint, travail du même genre et colorié.

239. — Une timbale de voyage, argent doré et se divisant en trois parties.

240. — Une montre anglaise, double boîte en argent.

241. — Deux petites poires d'amorce, forme de gourde, garniture en argent; passoire et feuille à thé et un petit couteau.

242. — Cuiller, fourchette, tire-bouchon et couteau, argent doré, quatre pièces.

243. — Couteau ancien, lame avec ornement doré, manche d'agate, virole en argent, et un autre couteau dans son étui, vernis imitant l'écaille, et garniture en argent.

244. — Une boîte garnie en argent; plaques écaille piqué à portrait, et une médaille moderne, aussi en argent.

245. — Seize pièces en filigrane d'argent et trois chaînes dont une mexicaine.

246. — Un coffre recouvert en cuir, la serrure en fer ciselé, serrure à secret.

247. — Une montre à cylindre, du nom de Saulet, or et argent.

248. — Un bracelet chinois en métal, trois ornemens de bracelets en argent émaillé avec perles.

249. — Deux évantails travaillés à jour, bois de Santal et ivoire.

250. — Deux coliers en verroterie ancienne, une pastille odorante suspendue à un nœud de soie, et une bourse en soie.

251. — Trois fragmens de galerie chinoise en ivoire, une boucle en nacre sculptée, un petit plateau en laque; une petite divinité sculptée dans un grain de riz.

252. — Deux dessus de tabatières, une piqué riche sur écaille et une ruine en coulé.

253. — Deux laqués sur tôle, fragmens de tabatières.

254. — Un flacon chinois en cristal, avec caractère et dessin à l'intérieur : le bouchon figurant une fleur et garni en argent doré.

255. — Une pipe chinoise en métal dans son étui en laque.

256. — Une tabatière en bronze tonkin, arbre et personnages ciselés en relief.

257. — Un nécessaire chinois en ivoire.

258. — Un éventail en bois de bambou, avec fleurs sculptées en relief; un peigne en bois de bambou et bois de fer.

259. — Un chapelet de pastilles odoriférantes, chacune enveloppée dans une tresse de soie.

260. — Un porte-montre en laque noire, et une boîte renfermant du musc.

261. — Trois soucoupes, dont deux en laque, une en écaille et une boîte en racine laquée en dedans.

262. — Une belle plaque de bambou laquée en noir, à dessin, laissé sur le naturel du bois.

263. — Petit paravent chinois à quatre feuilles en verroterie, dessin transparent.

264. — Un cadenat et un briquet chinois et une plaque de ceinture en jade.

265. — Quatre pièces, petit plateau, ancien blanc de la Chine garni en argent; petite statue de Napoléon et chaîne en argent.

266. — Petit lingot chinois en argent, et plaque ronde en bronze doré.

267. — Une petite tasse et plateau en bois de fer, plus une petite boîte en laque à trois étages.

268. — Plateau en pierre de Lard brune, dessin gravé; flacon en verre rouge, un autre en porcelaine, etc.

269. — Deux jolies tables ou support en laque à l'imitation du bois avec ornement or.

270 — Un vase à eau en pierre de Lard blanche et sculptée dans la même pierre.

271. — Deux cuillers en nacre et cinq panneaux à tabatière et laqués.

272. — Une guitare dans son étui.

273. — Une autre en forme de lyre.

QUATRIÈME VACATION,

Vendredi matin, 16 Novembre.

274. — Trois stores ou jalousies chinoises avec dessins.

275. — Deux boîtes à coulisses, acajou et un casier en ébène et acier.

276. — Un bas-relief en bois sculpté, figurant un nid d'oiseaux dans une corbeille de roses.

277. — Un buste de femme par Houdon. Terre cuite.

278. — Une boîte orientale en cuivre, avec ornement et signes symboliques gravés.

279. — Deux bouteilles de porcelaine de Chine, blanche, à dessin de fleurs bleu.

280. — Quatre pièces en bois doré et sculpté, dont trois bordures.

281. — Un bas-relief chinois en pierre de Lard sur panneau de bambou; deux petits tableaux de Paul Bril, et un dessin sans cadre.

282. — Un meuble à quatre tiroirs, à dessin d'incrustation en ivoire, ouvrage indien.

283. — Chinois assis sur un cerf, pierre de Lard, et une coupe baroque, aussi en pierre de Lard.

284. — Un casse-noisette en bois sculpté, figurant une tête de folie.

285. — Un baromètre de voyage.

286. — Un autre baromètre avec thermomètres.

287. — Deux grands panneaux-tableaux en laque fond noir à sujet coloriés.

288. — Deux autres petits tableaux chinois, peints sur verre ; sujets d'intérieur.

289. — Un autre panneau chinois, laque burgauté.

290. — Deux Chinois en pierre de Lard, sur rocher en bois de fer.

291. — Trois miroirs métalliques.

292. — Coffre à pupitre en bois de racine, garni en argent.

293. — Un clavi-harmonica dans sa boîte d'acajou, et du nom de Bayer.

294. — Petite pagode chinoise, en bois de fer, renfermant une divinité en bronze doré.

295. — Chinois en theyère, en terre émaillée.

296. — Un pithong en bambou, avec fleur et inscription gravées.

297. — Deux petites figures chinoises en ivoire.

298. — Un mendiant, figure en bois, avec parties en ivoire.

299. — Petit vase chinois à laver les pinceaux en porcelaine de la Chine; vase à eau, figuré par un canard, et sa coupe forme de feuille.

300. — Un pied forme de table, laque usé, et deux autres à dessin d'or sur laque noire.

301. — Trois autres petits supports aussi en laque.

302. — Deux plateaux, dont un laque burgauté, et deux tasses laque noir à dessin d'or.

303. — Une coupe en pierre de Lard verte et à deux anses, et une coupe d'agate.

304. — Boussole chinoise sur pied en bois de fer, et une boîte ovale, vernis de Martin, à l'imitation de laque de Chine.

305. — Deux petits flacons en pierre de Lard, avec ornemens en relief et à jour; socle en laque.

306. — Une petite théyère, terre de Bocaro, à dessin gaufré, tasse et soucoupe, aussi en Bocaro.

307. — Flacon en cornaline et tasse en agate orientale.

308 — Coupe en agate orientale, monture en argent doré et émaillé.

309. — Autre coupe à pied élevé, agate orientale montée en cuivre.

310. — Deux petites bouteilles en bronze Tonkin.

311. — Deux coupes en laque burgauté, dans des montures en filigrane d'argent.

312. — Deux figurines, mandarin en bois de santal et divinité en ivoire.

313. — Un vase à brûler les parfums, en laque avanturine et en laque du même genre.

314. — Trois flacons, un en avanturine fausse fond noir, forme de gourde et monté en argent doré; les deux autres, chinois, l'un en porcelaine et l'autre en pierre de Lard.

315. — Une divinité chinoise en bronze et un magot en pierre de Lard brune, et broderie d'or.

316. — Une coupe en corne de rhinocéros, avec branche, feuille et fleurs sculptées au pourtour.

317. — Deux jolis plateaux en laque rouge, avec fleur en or.

318. — Les douze empereurs, médaillons en bronze.

319. — Une petite médaille en argent, avec doublure à jour, argent émaillé, une plaque en argent, portant caractère symbolique chinois.

320. — Très-jolie coupe en agate orientale.

321. — Charmant vase, de forme orientale, en agate mamelonée, monté en argent doré et émaillé.

322. — Un fruit chinois en nacre de perle, avec feuillage et monté sur pied de bois de fer à jour.

323. — Trois pièces de porcelaine de Chine, deux coupes à anses et vases à laver les pinceaux.

324. — Un cavalier Tartare, armé de sa lance; figure en ivoire sur rocher en bois de fer.

325. — Deux petites boîtes chinoises, forme d'éventail, laque noir et or, et deux petits plateaux en laque très-fin.

326. — Une boîte en laque, à couvercle, forme d'instrument, elle contient trois petits coffrets.

327. — Un oiseau en ivoire, sur socle bois de fer, panier en vannerie de bambou et pastilles chinoises.

328. — Un socle en bois de fer, à trois divisions, bois de fer sculpté et travaillé à jour.

329. — Boîte de forme ronde, en laque fond aventurine, fleur argent et or.

330. — Très-joli cabinet chinois, laque fond noir, paysage et kiosque d'or et rochers en relief, ouvrant à deux vantaux, garniture orientale en argent; à l'intérieur, huit tiroirs. Cette pièce est d'une parfaite conservation.

331. — Deux boîtes faisant pendans, laque usé d'une très-belle qualité; ces deux boîtes sont placées sur leurs pieds, également en laque.

332. — Une boîte à cinq étages, laque d'une belle qualité, fond aventurine à dessin d'or, et un petit plateau, forme losange, même qualité de laque.

333. — Boîte en laque usé, renfermant un plateau et quatre autres boîtes, forme d'éventail.

334. — Une petite pagode en bois, ouvrant sur ses deux faces, à quatre vantaux, et renfermant quatre petites divinités chinoises, dont trois sont sculptées dans un grain de riz, et la quatrième dans une tige de la plante.

335. — Un encrier chinois, consistant en une pierre à broyer l'encre, un vase à eau en bronze, trois pinceaux, quatre pains d'encre de Chine, forme variée, le tout renfermé dans une boîte en laque et broderie de soie.

336. — Très-bel éventail chinois, filigrane d'argent, et émaillé ; miniature coloriée et dans son étui broché d'or.

337. — Jolie coupe en jade grise à anses prises dans la masse, et ornemens gravés.

338. — Un rieur chinois accroupi, bois de bambou, et une tabatière en bronze Tonkin.

339. — Tabatière chinoise en écaille sculptée, avec figures et animaux, très-riche travail.

340. — Bas-relief en bois, sculpté par Albert Durer, représentant la Vierge et l'enfant Jésus, et portant la date de 1518, et le monogramme de cet artiste célèbre ; il est dans son cadre d'ébène.

341. — Belle plaque d'écran, en schiste onyx à cinq couches, sur laquelle on a figuré un bouquet de fleurs, en profitant adroitement des divers accidens.

342. — Arbre généalogique de la chrétienté, bois sculpté, sous verre.

343. — Une tabatière en nacre de perle, avec bas-relief, sujet chinois ; elle est montée en argent.

344. — Une autre tabatière, aussi en nacre de perle, avec incrustation de burgau, aussi montée en argent.

345. — Deux peignes chinois en bois laqué et dessin d'or.

346. — Un autre peigne en écaille laquée, à fleurs d'or, disposées sur les taches noires de l'écaille. Article très-précieux.

347. — Deux étuis, l'un en piqué sur écaille et garni en or; l'autre en bambou avec virole de piqué sur écaille.

348. — Un étui chinois en filigrane d'argent émaillé.

349. — Un autre étui, s'ouvrant à charnière, ornement de filigrane d'argent appliqué sur fond doré.

350. — Deux étuis, s'ouvrant à charnière, piqué d'argent sur écaille noire, et garnis en argent.

351. — Un étui, s'ouvrant à charnière, piqué d'or sur écaille, garniture en or.

352. — Bel étui chinois, laque, or et burgauté; garniture en or.

353. — Un étui en laque burgauté, garniture en or.

354. — Un médaillon en jade, représentant des fleurs, sculpté à jour; monture en argent doré, perles et turquoises, et suspendu à une chaîne en argent.

554 Bis. — Très-joli petit écran chinois, en nacre de perle, avec incrustation de burgau et or, représentant un oiseau et des fleurs, sur socle en bois d'ébène.

355. — Un très-beau coffret en filigrane d'argent, et de l'Inde.

356. — Un tamtam chinois.

357. Un tableau peint sur glace étamée; avec sujet de nymphes sous des branchages d'arbres, d'après un dessin européen, cadre en bois sculpté et doré.

358. — Un secrétaire à cylindre, bois d'acajou, filets d'ébène.

359. — Une armoire en bois d'acajou et à deux vantaux vitrés, convenable à serrer des objets de curiosité.

360. — Les objets omis seront détaillés sous ce numéro.

FIN.

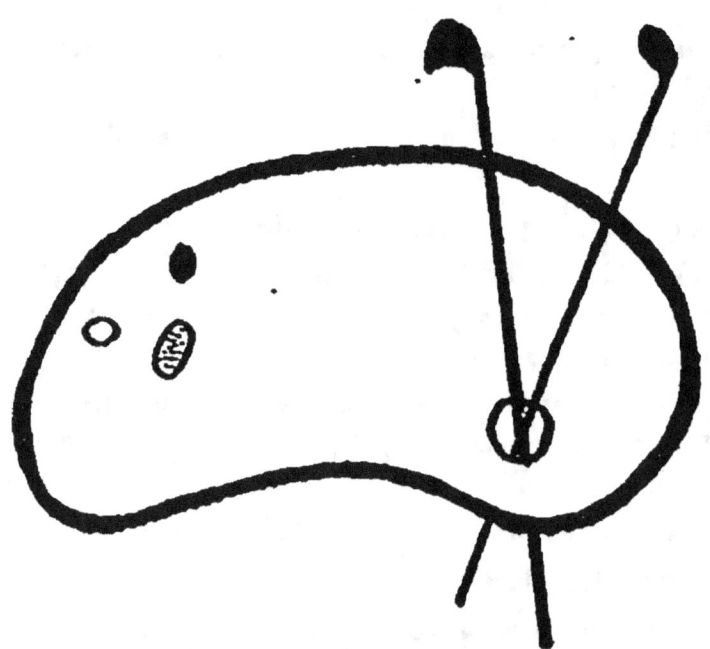

ORIGINAL EN COULEUR
NF Z 43-120-8

www.ingramcontent.com/pod-product-compliance
Lightning Source LLC
Chambersburg PA
CBHW030104230526
45471CB00003B/1243